AF408324

ISBN : 979-10-93773-01-8

Michel Rivrain

LES BERBÈRES
ET
LEUR HISTOIRE

EN QUELQUES PAGES

« UNE CIVILISATION CENSURÉE »

4ème Édition

Je remercie Hanaoua, ma compagne, qui m'a incité et encouragé à écrire ce livre. Elle m'a aidé à simplifier et raccourcir le texte toutes les fois où je l'avais « trop délayé » et à le rendre accessible.

Christophe, Elodie et Alexandre, nos trois enfants, qui ont écouté mes lectures, mes hésitations et m'ont apporté des conseils fort utiles.

Les adhérents de l'ACBVO qui m'ont aidé dans mes recherches historiques et plus particulièrement Boualem, son président et mon ami depuis tant d'années, sans qui ce livre n'aurait jamais été imprimé ni diffusé dans ses trois premières éditions.

Et tous les amis que je ne peux citer ici, qui ont accompagné ce projet au cours de ces dernières années.

Alphabet Tifinagh Berbère et sa prononciation

lettres latines	lettres tifinagh	Prononciation
a	ⵙ	➜ A comme dans l'anglais cat
b	ⵋ	➜ Très souvent V, parfois B
c	ⵞ	➜ CH comme dans chat
č	ⵞ	➜ TCH comme dans match
d	ⵠ	➜ Souvent comme le *the* anglais, parfois D
ḍ	ⵖ	➜ Comme le th anglais, plus « de gorge »
e	ⵜ	➜ Presque muet, allonge la syllabe suivante
f	ⵏ	➜ F comme dans feu
g	ⵅ	➜ G de gare, mais très souvent entre G et Y
ǧ	ⵅ	➜ DJ comme John
h	ⵁ	➜ H aspiré « du fond de la gorge »
ḥ	ⵣ	➜ H aspiré : contracter légèrement la gorge
i	Σ	➜ Entre le É et le I de ici
j	I	➜ J comme joie
k	ⵋ	➜ Comme dans coq
l	‖	➜ L comme la
m	ⵎ	➜ M comme dans mer
n	I	➜ N comme dans nuit
q	ⵕ	➜ En obstruant (bouchant) la gorge
γ	ⵢ	➜ Comme dans riz (gamma grec, maj. : Γ)
r	O	➜ R roulé
s	ⵔ	➜ S comme sens
ṣ	ⵐ	➜ S emphatique, reculer la langue vers la gorge
t	+	➜ TH comme dans l'anglais three
ṭ	ⵟ	➜ T emphatique, reculer la langue vers la gorge
ţ	ⵝ	➜ TS
u	ⵜ	➜ OU comme dans doux
w	ⵓ	➜ W comme dans watt
x	X	➜ KH comme le chanteur Khaled
y	ⵏ	➜ Y comme yen
z	ⵥ	➜ Z comme dans Zoé
ẓ	ⵥ	➜ Z emphatique, reculer la langue vers la gorge
â	ⵞ	➜ A en « appuyant » sur la gorge

Introduction

Qui sont les Berbères ? D'où viennent-ils ? Quelle est leur histoire ? Autant de questions sur un peuple, une culture, une civilisation peut-on même dire, encore trop mal connus et pourtant si proches, intimement liés à l'Histoire de France, de l'Europe et du Monde Méditerranéen. Autant de questions qui se sont vues apporter des réponses multiples, aussi variées que fausses, parfois fantaisistes, allant même jusqu'au négationnisme identitaire et à une censure déguisée. Cette brochure ne suffirait pas à détailler toutes les versions sur l'origine de cette culture si riche et toutes les censures que son histoire et son rayonnement ont subis. Nous nous contenterons donc des versions les plus plausibles et les mieux étayées de l'histoire berbère.

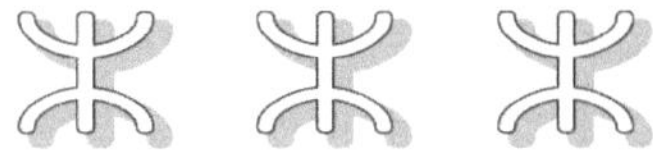

Quelques précisions...

Le nom que se donnent les Berbères est *Imazighen* (prononcer I<u>ma</u>zirrene) pluriel de *Amazigh* (prononcer Amazir). Imazighen signifie « Hommes libres » ; le singulier, Amazigh, homme libre, est aussi le nom symbolique de la lettre $\ⵣ$ (z ou zi de l'alphabet tifinagh des Imazighen), souvent portée en bijou en tant que revendication culturelle : « Garde toujours la tête haute et ne courbe jamais le dos ». Il est à noter que seuls deux peuples au monde se désignent de nos jours par le nom d'hommes libres : les Inuit et les Imazighen, ce choix a bien sûr des implications politiques et culturelles très particulières.

« *Berbères* » ne serait donc pas tout à fait le nom originel des populations du Maghreb ; de même que « *Kabyles* », nom qui ne concerne qu'une population très précise. Berbère vient du latin *barbarus*, qui lui-même vient du grec *barbaros* : celui qui n'est pas grec, étranger. Étranger pour les Grecs et pour les Romains, puis pour la chrétienté. Ce terme donna *barbares* pour les peuples du nord de l'Europe et *berbères* pour les peuples du Maghreb.

L'appellation « *Kabyle* » ne concerne en fait que les populations Berbères de Kabylie, au nord de l'Algérie, Kabylie, en arabe *Bilàd al qàba'il* (pays des tribus).

Géographie

La région où vivent les Imazighen se nomme *Tamazgha* (prononcer Tamazra), littéralement *La Terre des hommes libres*. Elle recouvrait autrefois un territoire très vaste, sans discontinuité, de l'Océan Atlantique à l'Égypte, et des côtes méditerranéennes à la limite de l'Afrique noire. Mais à partir du VIIème siècle, l'avancée régulière de l'Islam a considérablement rétréci ce territoire.

Toujours importante en ce début de XXIe siècle, la langue amazigh, la plus ancienne langue connue dans toute l'Afrique du Nord, se parle encore dans une dizaine de pays du Maghreb et d'Afrique subsaharienne, dans des îlots préservés plus ou moins importants, répartis principalement dans les massifs montagneux.

Ainsi, environ 45% de la population du Maroc est berbérophone, 30% en Algérie, 21% en Libye, 1% en Tunisie dans quelques enclaves menacées de disparition . En Égypte, le berbère n'est plus parlé que dans l'oasis de Siwa, près de la frontière libyenne. De par l'implantation arbitraire des frontières, la population touarègue, autrefois unie dans tout le centre du Sahara et évaluée à environ 400 000 nomades chameliers, se retrouve actuellement avec une part de ses membres isolés dans le nord du Mali et du Niger, ainsi que, en moindre nombre, dans le nord du Nigeria et du Burkina Faso.

D'autre part, l'immigration a concentré des milliers de berbérophones en communautés culturellement très fortes dans les grandes villes du Maghreb, au Canada et en Europe, principalement en Île de France. L'immigration Berbère en France est essentiellement Kabyle et compte plusieurs millions d'individus, ce qui fait du Berbère la langue territoriale la plus parlée dans l'Hexagone après le Français.

A l'heure actuelle, on peut sans grand risque d'erreur estimer la population berbérophone mondiale, c'est à dire connaissant, pratiquant la langue amazigh et revendiquant l'héritage culturel berbère, à plus de 26 millions de personnes : soit l'équivalent des populations de la Belgique et des Pays-Bas réunies. Ceci, sans tenir compte de tous les berbères d'Afrique du Nord qui se croient Arabes : En effet, le nombre de véritables Arabes, descendants de familles venues d'Arabie est resté faible en Afrique du Nord au cours

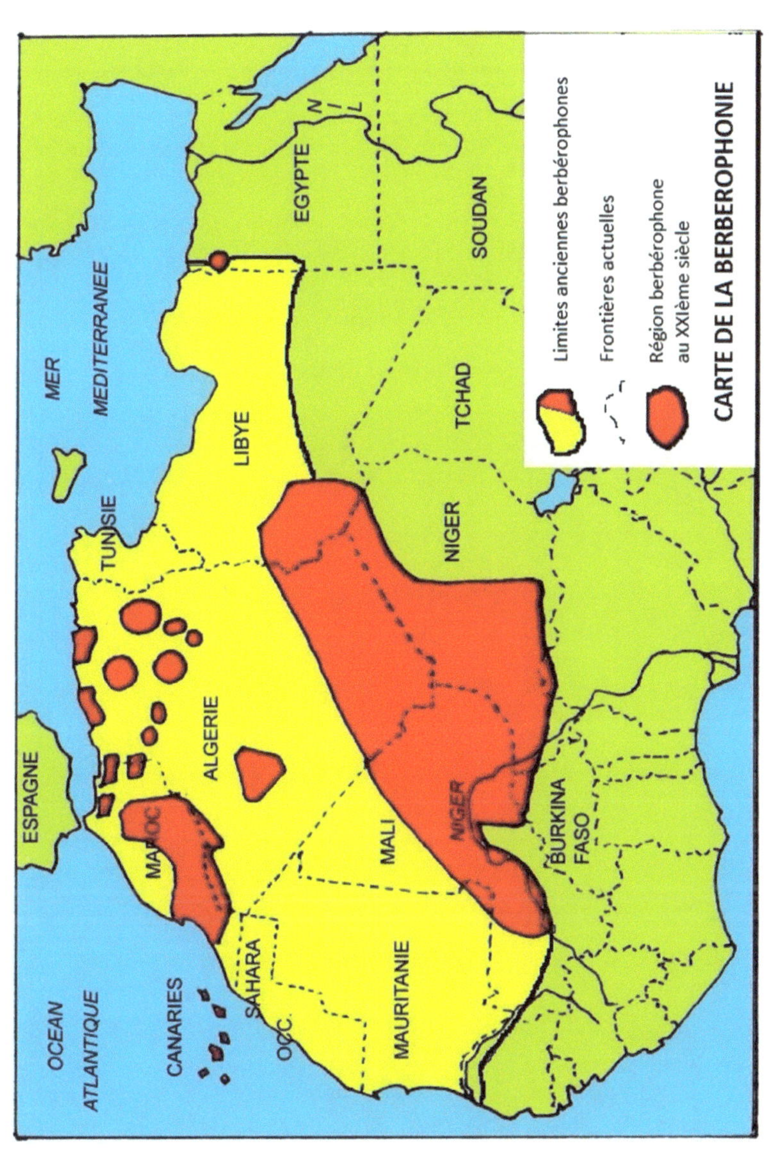

OCEAN
ATLANTIQUE
CANARIES
ESPAGNE
MER
MEDITERRANEE
TUNISIE
MAROC
SAHARA
OCC.
ALGERIE
LIBYE
EGYPTE
MAURITANIE
MALI
NIGER
NIGER
TCHAD
SOUDAN
BURKINA
FASO
Limites anciennes berbérophones
Frontières actuelles
Région berbérophone
au XXIème siècle
CARTE DE LA BERBEROPHONIE

de l'Histoire : et donc, <u>malgré la forte implantation de la langue arabe, l'essentiel de la population du Maghreb est Berbère et l'ignore.</u>

Préhistoire

Le peuplement du Maghreb est très ancien et se confond avec l'évolution de l'espèce humaine, la preuve en est dans les nombreux vestiges préhistoriques retrouvés dans toute l'Afrique du Nord : pierres taillées, pointes de flèches… Les ancêtres des Berbères vivaient déjà sur place dès la Préhistoire.

Environ 20 000 ans avant notre ère, les *Ibéro-Maurussiens,* habitant principalement le littoral, du Maroc au sud Tunisien, nous ont laissé les traces d'une culture bien marquée, avec de nombreux vestiges : nombreux outils de pierre et d'os très élaborés, révélant une parfaite maîtrise technique ainsi qu'une richesse et une variété étonnantes : statuettes, bijoux, peintures rupestres (sur des parois rocheuses), premiers œufs d'autruches décorés et nombre de sépultures remarquables telles que les nécropoles de Taforalt, de Columnata, Afalou-Bou-Rhummel et **Mechta-El-Arbi** qui a d'ailleurs fait nommer « *hommes de Mechta* » les Ibéro-Maurusiens. Les préhistoriens les considèrent déjà comme des hommes contemporains : *Homo sapiens sapiens,* c'est à dire nous, hommes d'aujourd'hui.

Mais c'est avec la culture, on peut même dire la civilisation Capsienne (les premiers vestiges ont été trouvés à Gafsa, anciennement Capsa, en Tunisie), au Néolithique (âge de la pierre polie), apparue entre 10 000 et 7000 ans avant J.C. jusque vers 4000 avant J.C. que l'on peut démarrer l'histoire Berbère. En effet, les Capsiens nous ont laissé de fort belles traces archéologiques : armes, instruments (burins, haches, moulins de pierre, pressoirs…), mégalithes (dolmens et menhirs), preuves d'élevage, de culture, de tissage, poteries décorées retrouvées sur les sites et surtout de superbes œuvres d'art, les plus anciennes d'Afrique. Leurs magnifiques gravures et peintures rupestres, retrouvées principalement au Sahara, dans les Tassili, offrent de troublantes analogies avec les motifs artistiques plus récents de la culture berbère. La plupart des historiens les considèrent en tant que Proto-Berbères (presque Berbères). Leur civilisation offre de nombreux parallèles avec la Civilisation des Mégalithes Européenne et des échanges entre les deux cultures sont fort probables . J'ai d'ailleurs dans ma collection personnelle des pointes de flèches Ibéro-Maurussiennes (voir photo) du Tassili du Hoggar dont le silex est caractéristique du site du Grand-Pressigny dans le centre de la France. Leur culture évoluera avec

Silex Ibéro-Maurussiens du Tassili du Hoggar
Collection personnelle

les débuts des âges des Métaux (début de l'âge du cuivre vers –5000, de l'âge du bronze vers –3500, de l'âge du fer vers –1050) vers les cultures berbères de l'antiquité que nous connaissons et que nous allons développer : les Libou ou Libyens, les Garamantes, Gétules, Nasamons, Numides, Psylles, Maures, dont les Egyptiens, les Grecs et les Romains nous ont parlé dans de nombreux écrits.

Par ailleurs, certains historiens et non des moindres, considèrent la culture égyptienne pharaonique comme l'une de ces cultures issues de la culture Capsienne et donc cousine des cultures berbères contemporaines.

Une théorie controversée soutient également que la déesse grecque Athéna aurait été une reine berbère tritonide (actuel territoire libyen), souveraine d'un royaume matriarcal qui après avoir incendié une cité grecque, l'aurait reconstruite et baptisée en l'honneur de sa reine. Cette théorie vient, entre autres, des propos d'Orestès dans la scène 5 des Euménides d'Eschyle. Ses contradicteurs invoquent le fait que les Grecs anciens cherchaient une légitimité historique et exotique à leur mythologie. Le débat reste aujourd'hui ouvert, en l'absence de preuves archéologiques formelles ; mais je me devais de le citer dans ces pages.

Antiquité

L'Egypte des pharaons, issue de cette culture Capsienne, s'est heurtée dès ses débuts, vers 3100 avant J.C., aux populations Berbères qui lui était les plus proches. Il s'agissait plus précisément des Lebous (Libyens), que les Egyptiens considéraient comme des adversaires puissants et redoutables. Dès le règne de Ménès, premier pharaon de la première dynastie, les conflits entre Libyens et Egyptiens commencent. Ils se perpétueront tout au long de l'histoire égyptienne.

Sous le règne de Montouhotep II, pharaon de la XIème dynastie (2060 à 2010 avant J.C.), les Libyens de la tribu des *Tehenou* occupent le Delta du Nil : **les téhénou, cités sur les monuments égyptiens comme « à la face pâle blanche ou rousse avec des yeux bleus » venaient de la future Algérie et seraient**

vraisemblablement les ancêtres des Kabyles : en effet, leurs noms et ceux de leurs chefs rappellent exactement ceux des Numides de l'Histoire classique. La possession du Delta occasionnera de nombreux combats à travers les âges. Notamment, celui entre le roi Meryey, fils de Ded, ralliant sous ses ordres tant son peuple que les peuples du Nord et le Pharaon Meneptah en 1227 av. JC ; combat finalement gagné par les Egyptiens et largement relaté par leurs hiéroglyphes. Finalement, les Lebous s'installeront définitivement dans le delta du Nil sous le règne de Ramsès III, pharaon de la XXème dynastie : (1184 à 1153 avant J.C.).

950 avant J.C. : un grand moment de l'histoire Berbère. L'Egypte est alors complètement désorganisée et morcelée en de nombreux petits royaumes rivaux. Un chef Berbère Téhenou du delta du Nil, **Sheshonk**, va réunifier l'empire égyptien et régner sous le nom de Sheshonk 1er, premier pharaon de la XXIIème dynastie. Les pharaons Berbères de la XXIIème et de la XXIIIème dynasties régneront sur l'Egypte pendant 230 ans. Cette page de l'histoire est importante, parce qu'elle marque le début du calendrier Berbère où l'an 2951 correspond à l'an 2001 de l'ère chrétienne. Sheshonk Ier est le Sésac cité par la Bible qui a pris Jérusalem. Il fut aussi l'un des Pharaons bâtisseurs du célèbre temple de Karnak

On en sait moins sur les autres populations berbères de l'époque. Le nom de Libye englobait tous les pays du Maghreb actuel. Les *Garamantes,* ancêtres des Touaregs actuels sont cités par Hérodote dès le Vème siècle avant J.C. : ils étaient maîtres dans l'usage du char attelé qu'ils utilisaient pour la chasse et le combat. Ce furent les pionniers du commerce transsaharien. Les *Gétules* étaient de redoutables et vaillants guerriers qui se battirent pour Carthage et Jugurtha et furent par la suite souvent auxiliaires de l'armée romaine. Les *Nasamons* de Tripolitaine étaient de grands voyageurs ; Hérodote, encore lui, relate le voyage de cinq d'entre eux vers les pays du sud-ouest (sans doute la Guinée). Les *Psylles*, représentant la population berbère du sud Tunisien, étaient réputés pour charmer les serpents et guérir leurs plaies. Plutarque les cite d'ailleurs dans ses « Vies parallèles ». Quant aux *Maures* de l'Antiquité, ils ne correspondent en rien habitants actuels de la Mauritanie, mais aux populations du nord-ouest algérien.

L'organisation politique de ces anciens Berbères a laissé peu de traces écrites et nos informations sont souvent indirectes. Il est probable qu'ils ont inventé la démocratie en même temps, si ce n'est avant les Grecs. Les djemaa, assemblées populaires régissant la vie de chaque village de façon démocratique, semblent être le modèle le plus répandu et le plus caractéristique de la société berbère depuis l'antiquité, avant même le VIème siècle avant J.C. selon certains historiens. Ainsi, au IIIème siècle avant J.C., la cité numide de Dougga, en Tunisie, était administrée par un gouvernement municipal réunissant, autour d'un aguellid (magistrat suprême) nommé chaque année, un conseil de citoyens et de magistrats. Ce système stable et bien en place à l'époque ne s'est certes pas installé du jour au lendemain, et au vu des évolutions démocratiques à travers le Monde, il ne peut qu'être le fruit d'une expérience plus que centenaire.

L'alphabet berbère ou tifinagh, remonte quant à lui à la plus haute antiquité. Le libyque, dont il est la forme la plus récente a une existence certifiée au 4ème siècle av. J.C. par une inscription sur un vase daté de la nécropole de Rachgoun. Une inscription pariétale du Yagour (Haut Atlas marocain) pourrait être antérieure au 5ème siècle av. J.C.

Cet alphabet a très probablement donné naissance, par « contact civilisationnel », à l'alphabet ibère, dans le sud de la France et l'est de l'Espagne, au 3ème siècle av. J.C., alphabet retrouvé sur des tablettes de plomb entre autres à Enserune, capitale de la Gaule Ibère, ainsi qu'à Narbonne. Soixante-neuf pour cent de cet alphabet est en effet strictement concordant avec le libyque ancien et les trente et un pour cent restant ont des analogies certaines. Notons en aparté que les Ibères sont considérés comme d'origine Capsienne ; leur culture résulterait de l'intégration entre Capsiens, Pyrénéens et Ibéro-sahariens proto-berbères. Leur alphabet, tombé en désuétude depuis la romanisation de la Gaule, remplacé par l'alphabet romain utilisé dans tout l'Empire, n'était plus, et rarement, utilisé sans doute que dans des rituels magiques. Il est sans doute à l'origine des runes du nord de l'Europe, exporté à la suite d'un raid barbare, vers le 4ème siècle de notre ère.

Interprétations	Variantes locales de l'alphabet ibérique au 3ème siècle av. J.C.				
	Tablettes en plomb			Plat	
	P MAHO 6	ENSÉRUNE	GRUISSAN	GRUISSAN	Littoral Oriental Espagnol
A	(signe)	(signe)	(signe)	absent	(signe)
E	(signe)	(signe)	(signe)	absent	(signe)
I	(signe)	(signe)	(signe)	(signe)	(signe)
O	(signe)	(signe)	absent	(signe)	(signe)
U	absent	(signe)	(signe)	absent	(signe)
BA	(signe)	(signe)	(signe)	(signe)	(signe)
BE	(signe)	(signe)	(signe)	absent	(signe)
BI	(signe)	(signe)	(signe)	absent	(signe)
BO	(signe)	(signe)	(signe)	absent	(signe)
BU	absent	absent	absent	absent	(signe)
KA	(signe)	(signe)	(signe)	absent	(signe)
KE	(signe)	(signe)	(signe)	(signe)	(signe)
KI	(signe)	(signe)	(signe)	absent	(signe)
KO	(signe)	(signe)	absent	absent	(signe)
KU	(signe)	absent	(signe)	(signe)	(signe)
TA	(signe)	(signe)	(signe)	(signe)	(signe)
TE	(signe)	(signe)	(signe)	(signe)	(signe)
TI	(signe)	(signe)	(signe)	absent	(signe)
TO	(signe)	(signe)	absent	absent	(signe)
TU	(signe)	(signe)	(signe)	absent	(signe)
L	(signe)	(signe)	(signe)	(signe)	(signe)
M	absent	absent	absent	(signe)	(signe)
N	(signe)	(signe)	(signe)	(signe)	(signe)
R	(signe)	(signe)	(signe)	absent	(signe)
R'	(signe)	(signe)	(signe)	(signe)	(signe)
S	(signe)	(signe)	(signe)	absent	(signe)
S'	(signe)	(signe)	(signe)	(signe)	(signe)
W	absent	absent	(signe)	absent	(signe)
?	absent	(signe)	absent	absent	absent

Alphabet ibérique au 3ème siècle av. J.C.
Les interprétations y sont incertaines
(absence de textes bilingues connus)

Massinissa

Jugurtha

Carthage
et les royaumes Berbères

Les Phéniciens, grands navigateurs de l'Antiquité, fondèrent Carthage vers 814 avant J.C. Ils poussèrent leurs bateaux jusqu'en Espagne. Pratiquant la navigation côtière, ils établirent le long des côtes africaines de nombreux comptoirs pour établir des relations commerciales avec les populations. Ces comptoirs devinrent par la suite des villes, parmi lesquelles Bejaïa et Alger. Malgré son rayonnement sur le bassin sud-méditerranéen, Carthage limitera son autorité au littoral, et ne s'implantera jamais à l'intérieur de Tamazgha.

Les Royaumes Berbères, fédérations de tribus qui se forment, selon les versions, entre le VIème siècle et la fin du IIIème siècle avant J.C., sont au nombre de trois.

Le royaume des *Massyles* à l'est, celui des *Massaessyles* au centre et la *Maurétanie* à l'ouest.

Le royaume Massaessyle, éphémère, ne survécut pas à son roi **Siphax** (avant -220 à –202). Le royaume Massyle, lui, connut un grand essor sous le règne de **Massinissa** (-206 à –148) qui unifia la Numidie (Algérie et Tunisie). La guerre entre Massinissa et Siphax s'inscrivit en parallèle avec la 2ème guerre punique (-218 à –202) entre Rome et Carthage : la cavalerie et les éléphants montés des troupes de Siphax, allié à Carthage, contribuèrent fortement à la progression d'Hannibal qui envahit l'Iberia (Espagne), la Gaule, jusqu'à la victoire de Cannes. Mais les troupes d'Hannibal furent décimées par le froid et la neige durant la traversée des Alpes. Rome vainquit Carthage ; et Massinissa, allié de Rome vainquit Siphax et unifia la Numidie. Son règne fut long et prospère et ses sujets, à sa mort, lui élevèrent un temple à *Dougga* (en Tunisie).

Jugurtha (-111 à –105), petit-fils de Massinissa, fut sans doute le dernier roi berbère totalement indépendant de Rome. Sa résistance et ses combats, exemplaires, ont été contés dans de nombreux livres : de Sallustre, auteur romain, à aujourd'hui. Plusieurs bandes dessinées de Hermann, publiées aux éditions Lombard, lui furent même entièrement consacrées dans les années 1960.

Les souverains Numides vont se succéder avec des relations variables vis à vis de Rome : allant de la sujétion à la guerre et à une indépendance relative. Citons les plus célèbres :

Juba I (-60 à –46) : Dans la lutte entre Pompée et Jules César, il pris le parti de Pompée. Vaincu à Thapsus, il se donna la mort, tout comme ses alliés : Scipion et Caton.

Juba II (-25 à +23), fils de Juba I, reçu une excellente éducation à Rome. Il épousa **Cléopâtre Séléné**, fille de Cléopâtre et de l'empereur Antoine. Ecrivain reconnu, philosophe et historien notoire, ami des arts et des artistes, il gouverna la Maurétanie en démocrate. Il construisit sa capitale, *Cesarea* (Cherchell, Algérie), ville d'Art et de Culture, dotée d'une vaste bibliothèque, de monuments et de statues, dont la renommée traversa la Méditerranée et dont on peut encore admirer les vestiges. Sa renommée de monarque éclairé et démocrate fut telle, qu'Athènes, en hommage, lui érigea une statue dans son gymnase.

Ptolémée (+23 à +40), fils de Juba II, fut le dernier roi Numide. Il fut assassiné sur ordre de Caligula, empereur de Rome. A sa mort, les romains annexèrent la Maurétanie.

A l'époque de Ptolémée, **Tacfarinas** dirigea la révolte des Numides contre Rome. Sa guerre, sans merci, contre les armées de l'empereur Tibère dura huit ans : de 17 à 24 après J.C. Il mourut sur le champ d'honneur à la bataille d'Auzia (Aumale, Algérie). Les livres II et III des Annales de Tacite font une large place à Tacfarinas et, en voulant le rabaisser, ne font que le grandir.

Colonie Romaine...

« le Berbère ne s'enchaîne ni par la crainte, ni par les bienfaits »
Sallustre « La guerre de Jugurtha »

L'occupation romaine, située uniquement dans les plaines côtières, durera quatre siècles. Quatre siècles de révoltes perpétuelles, souvent durables contre l'occupant qui n'arrivera jamais à gouverner les peuples berbères, réfugiés en grande partie dans les montagnes de l'Atlas, derrière les *limes* (frontières militaires fortifiées des Romains en Afrique du Nord), hors d'atteinte du pouvoir de Rome.

Les territoires occupés de l'Algérie, durant cette période étaient le « grenier » de Rome. Ils exportaient des céréales, de l'huile, du vin, du marbre…

Au IIIème siècle, de puissantes confédérations berbères se formèrent. Rome, harcelée, finit, vers 285, par abandonner les deux Maurétanies sous le règne de l'empereur Dioclétien.

Le christianisme s'implanta chez les Berbères dès le Ier siècle, mais surtout au IIème par opposition à l'empire. Rome se convertit et, au IVème siècle, le schisme donatiste donna aux Berbères un nouveau moyen d'opposition aux Romains. La révolte des *circoncellions* (ceux qui rôdent autour des fermes) faillit, vers 340, mettre un terme à l'occupation romaine. En 372, **Firmus**, prince Berbère, révolté par les injustices subies par son peuple, souleva les tribus du Djurdjura contre Rome et fut proclamé roi. Il fut battu trois ans plus tard et se pendit pour ne pas tomber aux mains des romains. Son frère, **Gildon**, qui reprit le combat, fut vaincu en 398. Mais la fin de l'empire romain en Afrique était proche. Le vol des terres aux paysans, réduits à l'état de servage, les persécutions religieuses, la répression des mécontents augmentèrent la révolte contre les colons romains et les gouverneurs débordés. En 429, Genséric et ses Vandales, venus par l'Espagne, profitèrent de ces troubles pour s'emparer du pays.

Cette époque d'occupation vit naître des hommes célèbres dans les populations Berbères, parmi lesquels :

Victor 1er, mort à Rome en 199. Il fut Pape de la Chrétienté de 189 à 199

Septime Sévère, né à Leptis Magna (à l'est de Tripoli) en 146, empereur de Rome de 193 à 211, il est mort à Eburacum (York, Angleterre) en 211.

Caracalla, son fils (188 – 217), fut Empereur de 211 à sa mort. Il fait partie de ces Empereurs romains dont le saturnisme dû à une alimentation polluée au plomb, fut cause d'une folie sanguinaire qui ternit son image. Malgré sa maladie, ce fut lui qui étendit le droit de cité romaine à tout l'empire en 212.

Sévère Alexandre, né à Cesarea en 205, Empereur, réputé pour sa tolérance, de 222 à 235, il fut tué en 235 lors d'une sédition de soldats en Germanie

Saint Augustin, né en 354 à Tagaste (Souk-Ahras, Algérie), , il est considéré comme un des plus grands théologiens de tous les temps. Son œuvre universelle est une réflexion sur Dieu et le destin de l'homme. Evêque d'*Hippone* (Annaba, Algérie) dès 396, c'est l'un des plus célèbres Pères de l'Eglise. Il mourut en 430 dans sa ville assiégée par les Vandales.

Bien d'autres personnalités berbères s'illustrent encore sous l'empire romain. Elles sont à découvrir pour quiconque veut se donner la peine de mener une recherche sur la culture amazigh.

L'occupation Vandale

En 429, les Vandales, au nombre de 200 000 environ, femmes et enfants compris, dirigés par leur chef Genséric, passent le détroit qui sera nommé plus tard Gibraltar. Pourchassés selon les uns, cherchant un territoire selon les autres, ils s'étaient auparavant installés en Espagne. Ils progressent vers l'est, aidés par les berbères en révolte, jusqu'à Carthage dont ils s'emparent. Leur conquête est très rapide (siège d'Hippone en 430). Le 2 juin 455, ils arrivent même à piller Rome, puis retournent en Afrique.

Aidés au début par les Berbères, heureux de se débarrasser de la tutelle de Rome, leurs méthodes de gouvernement les coupent vite des populations : ils cherchent à imposer leur religion, l'arianisme et persécutent les chrétiens, ils volent les terres aux berbères et réduisent ceux-ci à l'état de serfs. Les révoltes Berbères se succèdent et les successeurs de

Genséric perdent définitivement le pouvoir en 533 : les Byzantins, héritiers de l'empire Romain, interviennent, et Gélimer, roi Vandale, se fait battre par le général byzantin Bélisaire. Les Byzantins cherchent dans la foulée à reconquérir les territoires des Imazighen.

Les Byzantins

L'occupation byzantine se limita aux cités qu'ils purent fortifier, près des côtes, pour se défendre des populations Berbères qui ne les accepteront jamais. Leur domination, sur des territoires qu'ils écrasaient d'impôts, ne dura qu'un siècle. En 647, lorsque les Arabes pénétrèrent pour la première fois dans le Maghreb, ce fut aux royaumes Berbères qu'ils se heurtèrent.

La lutte contre l'Islam :
Koceila et la Kahena

Dès la mort du prophète, en 632, l'Islam est expansionniste. En 643, la Libye (territoire actuel) est conquise. En 647, les troupes arabes, conduites par Oqba, pillent l'*Ifrikia* (Maghreb actuel). Ils mettent les villes à sac et se ravitaillent en esclaves, qu'ils emmèneront par dizaines de milliers. Les raids se succèdent, partant de la ville de *Kairouan* (Tunisie) qu'ils ont fondée, et la lutte défensive, menée par le roi Berbère **Koceila,** s'avère âpre et difficile. En 683, Koceila tue Oqba et s'empare de Kairouan. De nouvelles troupes orientales arrivent, et Koceila est tué au combat en 686. Ce n'est qu'en 695 que 40 000 Persans sous les ordres de Hassan ibn No'man el Ghassani, s'emparent de Carthage.

Ils se heurteront de suite aux troupes de la reine des Aurès : **Dihya**, surnommée **la Kahena**.

L'histoire légendaire de la Kahena a inspiré de nombreux romans. Reine des **Djeraoua**, son surnom signifie devineresse en Punique (langue phénicienne encore pratiquée à Carthage), prophétesse en arabe, fille de Cohen (prêtre) en Hébreu. Il faut savoir qu'une communauté Juive existait à l'époque en Afrique du Nord, ce depuis les déportations de Juifs par les Egyptiens au IIIème siècle avant J.C.. Ils étaient parfaitement bien intégrés dans la population Berbère. Certains Historiens prétendent même l'ascendance Juive de la Kahena, mais rien ne le prouve formellement à ce jour et la controverse reste ouverte.

De sources multiples, cette fort belle rousse était une excellente cavalière. Elle aurait même formé, dit-on, une redoutable armée de femmes à cheval qu'elle menait au combat : ce qui impressionna fortement les soldats Arabes de l'époque. Elle se battait à la tête de ses hommes avec un courage qui a traversé l'histoire. Avec en plus des talents de stratège militaire reconnus même par ses adversaires, sa personnalité érudite et combative a très fortement impressionné tant ses sujets que ses alliés ou ennemis.

Ayant totalement écrasé les armées arabes, reconquis l'Ifrikia, et même un moment la totalité du Maghreb, elle fut finalement vaincue par le nombre croissant des envahisseurs venus d'Orient et décapitée par Hassan lui-même en l'an 701.

Dihya, figure légendaire s'il en est, fut le dernier souverain Berbère non musulman en Afrique du Nord.

L'Islam

Après la défaite de La Kahena, la religion islamique s'implante et devient majoritaire dans le Maghreb. En 711, 12 000 Berbères fraîchement convertis, commandés par le prince **Tarik**, passent le détroit de Gibraltar qui prend d'ailleurs son nom à cette occasion (Djebel Tarik : le rocher de Tarik, où il rassembla ses hommes avant la traversée). Ils occuperont l'Espagne, puis le midi de la France et remonteront jusqu'à Poitiers où ils seront repoussés par Charles Martel.

Côté africain, les envahisseurs arabes se heurteront à des révoltes perpétuelles jusque vers 800, malgré l'islamisation, et finiront par laisser les Berbères se gouverner eux-mêmes. Le Maghreb prend alors, dès le IXème siècle, sa configuration géopolitique que nous connaissons encore : Maroc, Algérie, Tunisie.

L'Algérie est gouvernée par la dynastie **Rostémide** qui règne dans *Tihert* près de l'actuel *Tiaret* de 765 à 909 avec un rayonnement scientifique considérable. Le Maroc par les **Idrissides**, de 789 à 985. La Tunisie par les **Aghlabides** de 800 à 909 ; ils conquièrent Malte, la Sicile et Syracuse.

En 910, originaire de petite Kabylie, la dynastie des **Fatimides**, étend sa domination sur l'Algérie, les Kabyles prennent la Tunisie et l'Egypte, où une armée de 100 000 des leurs s'installe et fonde la ville du Caire. Leur règne fut l'apogée de la civilisation musulmane et le rayonnement des Fatimides dura trois siècles, du Xème au XIIème siècle, excepté en Tunisie, où les **Zirides** gouvernent de 973 à 1167. C'est durant leur règne que les Beni Hillal (les fils de la Lune), qui vivaient dans la province Egyptienne du Saoud sont envoyés en cadeau empoisonné par un vizir fatimide d'Egypte au calife Ziride tunisien de l'époque et s'installent dans le Maghreb. De langue Arabe, cette « nuée de sauterelles » se comporta en pillards et en brigands dans le pays. Plusieurs centaines de milliers, ils s'installent définitivement. Leurs descendants représentent environ 2% de la population marocaine, 5% de la population algérienne et 15 à 20% de celle de la Tunisie. Ils imposèrent petit à petit leur langue et sont à l'origine de l'arabophonie actuelle du Maghreb.

En 1035, les **Almoravides** entrent dans l'histoire avec **Yoûsof**, Berbère du Sahara. Il a laissé les plus beaux monuments de l'art musulman en Algérie. Sa dynastie régna sur le Maroc, l'Espagne et l'Algérie occidentale, dominant la route de l'or africain, jusqu'en 1147.

De 1130 à 1269, l'Empire **Almohade** réalisa l'unité -
de tout le Maghreb et de l'Espagne. Mais vers la fin du
XIIIème siècle il se fractionna en trois nouvelles
dynasties berbères : les **Mérinides** de Fès, les
Abdelwadides de Tlemcen et les **Hafsides** de Tunis.
Cette division du monde berbère se maintint jusqu'au
XVème siècle.

Durant toute cette période, les grandes confédérations
tribales ne se soumettront jamais vraiment aux
pouvoirs centraux.

En 1492, la reconquête de l'Espagne par les chrétiens
s'achève. Devant l'inquisition catholique, des milliers
de réfugiés partent en Afrique du Nord où les
Castillans les poursuivent. La résistance s'organise,
notamment avec les corsaires des frères **Barberousse**.
De l'aide est demandée à l'Empire Ottoman (les
Turcs). En fait d'aide, les Turcs s'installeront au
Maghreb, excepté le Maroc, jusqu'en 1830. Ils
divisent la zone occupée en trois régences : Tripoli,
Tunis et Alger qui sera désormais gouvernée par un
Dey.

Les Berbères du Maroc, coincés entre les Espagnols
d'un côté et les Turcs de l'autre, résistent pendant
toute cette période, gouvernés par les **Sa'adiens** puis
par les **Alaouites**. Exception notable et momentanée,
le royaume de *Marrakech* s'intègre à l'Empire
Ottoman en 1578.

L'occupation française

En 1827 : Affaire de l'éventail : la France ne veut pas honorer une dette commerciale, contractée par la république en 1798 envers le Dey d'Alger. Lors d'une entrevue à ce propos, le 30 avril 1827, le Dey frappe le Consul de France avec un chasse-mouches. En représailles, la France établit un blocus naval, cher mais inefficace, devant Alger.

En 1830, le roi Charles X, pour assurer son pouvoir en France, fait le siège d'Alger. Avec 500 navires, dont 103 de guerre et 37 000 soldats, il prend la ville après trois semaines de siège.

Malgré la forte résistance de l'Emir **Abd el Kader**, la France finit par envahir tout le territoire algérien en 1848.

Le nom d'Algérie est donné à la zone occupée, par le ministère de la guerre français, en 1839. Les terres sont confisquées, volées aux habitants et les colons français commencent à s'installer.

La Kabylie n'est conquise qu'en 1857. Par la suite, les insurrections vont se succéder presque sans interruption, de 1858 à 1926.

La France occupe l'Algérie, la Tunisie et se partage le Maroc avec l'Espagne. l'Italie occupe la Libye.

Pendant la guerre de 1939 – 1945, les Algériens se battent, jusqu'en Europe, pour la France Libre. Alger est même capitale de la France Libre de 1942 à 1944. La France en exil promet l'indépendance à l'Algérie pour après la victoire.

En 1945, la France n'a pas tenu ses engagements, la famine sévit et la Kabylie se révolte le 8 mai 1945 à Setif. Le soulèvement est réprimé dans le sang par les troupes françaises et les victimes berbères se comptent par dizaines de milliers. La répression ne cessera jamais les années suivantes.

La révolution éclate en 1954. Après huit ans d'une guerre sanglante, l'Algérie acquière son indépendance en 1962.

Pour mémoire, la Libye est devenue indépendante en 1951, le Maroc en 1955 et la Tunisie en 1956.

Et maintenant...

A ce jour, le gouvernement algérien, qui a constamment mené une politique d'arabisation forcée, n'a toujours pas réellement reconnu la culture Amazigh, en tout cas, pas officiellement. Les événements du Printemps Noir de 2001 en Kabylie, où plus de 120 enfants furent tués par le pouvoir algérien et qui ont provoqué de nombreuses manifestations, dont une de plus d'un million de personnes à Alger au mois de juin 2001, le boycott des élections en Kabylie depuis lors, les justes revendications identitaires de la plate-forme d'El Kseur et les revendications culturelles et démocratiques qui n'ont jamais cessé en Algérie, y compris pendant le « Printemps Arabe » et depuis, ont incité le gouvernement algérien à faire quelques concessions sous la pression populaire, mais elles restent insuffisantes.

Tous ces évènements de l'histoire récente nous montrent que la culture berbère est toujours vivante et dynamique et qu'elle ne se laissera jamais écraser ni censurer par aucun pouvoir, d'où qu'il vienne.

Bibliographie

Le guide de la culture Berbère - *Mohand Akli Haddadou*
    - Ed. Paris Méditerrannée
Berbères hier et aujourd'hui – *Arav Benyounès*
    - Centre de Promotion Artistique du Québec
Les Berbères – *G. Camps*
    - Encyclopédie de la Méditerranée
Chronologie de la préhistoire Nord-Africaine
    - *Zoumine* (sources : *G.Camps, J.Dubief, T.Monod, M.Hachid, Y.& C.Gauthier*)
La préhistoire de l'Afrique du Nord, cette inconnue
    - *Dr J.Zammit* CNRS
Art rupestre et préhistoire du Sahara – *J-L.Le Quellec*
    - Payot
Histoire de l'Algérie - *Khaled Sofiane Lamande*
Histoire de l'Algérie - *Henrik Prebensen*
    - Institut d'études Romanes
    - université de Copenhague
Histoire des Berbères - site perso sur club internet
L'Algérie Berbère et l'Algérie Arabe
    - Bessaoud Mohamed Arab
Histoire de Tamazgha, séminaires d'histoire nord-africaine
    - *Ramdane Redjala*
Histoire de l'Afrique du Nord – *C.A. Julien* – Payot
Chechonq 1er – *Dr Gérard Homann* , égyptologue
Troisième période intermédiaire
    - *Dr C .Boreix*, égyptologue
Histoire des pharaons célèbres
    - source internet multimania
Histoire de la Guinée - site web national guinéen
Encyclopédie Hachette Multimédia mise à jour 2001
Ethnologie de la Péninsule Ibérique
    - *Pr. Bosch Gimper* 1932
Revue Archéologique Narbonnaise
    tome 21 1988 p 61 à p 94
The Shining One – Dr *Hélène Hagan* 2003

Table

***

Illustrations